Birdy Jones ★ Laura J. Moss

Das inoffizielle
Harry Potter
Buch der Verwünschungen

Birdy Jones ★ Laura J. Moss

Das inoffizielle Harry Potter Buch der Verwünschungen

101 Möglichkeiten, dich gegen fiese Slytherins zu wehren

riva

Bibliografische Information der Deutschen Nationalbibliothek:
Die Deutsche Nationalbibliothek verzeichnet diese Publikation in der Deutschen Nationalbibliografie.
Detaillierte bibliografische Daten sind im Internet über http://d-nb.de abrufbar.

Für Fragen und Anregungen:
info@rivaverlag.de

1. Auflage 2017
© 2017 by riva Verlag, ein Imprint der Münchner Verlagsgruppe GmbH
Nymphenburger Straße 86
D-80636 München
Tel.: 089 651285-0
Fax: 089 652096

Die englische Originalausgabe erschien 2012 bei Jones & Moss LLC unter dem Titel *The Unofficial Harry Potter Insults Handbook*. Dieses Werk wurde vermittelt durch die Literarische Agentur Thomas Schlück GmbH, 30827 Garbsen. Copyright © 2012 by Jones & Moss LLC. Published by JONES & MOSS LLC. All rights reserved.

Alle Rechte, insbesondere das Recht der Vervielfältigung und Verbreitung sowie der Übersetzung, vorbehalten. Kein Teil des Werkes darf in irgendeiner Form (durch Fotokopie, Mikrofilm oder ein anderes Verfahren) ohne schriftliche Genehmigung des Verlages reproduziert oder unter Verwendung elektronischer Systeme gespeichert, verarbeitet, vervielfältigt oder verbreitet werden.

Dieses Buch ist kein offizielles Lizenzprodukt und wurde weder von J. K. Rowling, ihrem Verlag noch von Warner Bros. Entertainment Inc. autorisiert, genehmigt oder lizenziert.

Übersetzung: Elisabeth Liebl
Redaktion: Desirée Simeg
Umschlaggestaltung: Manuela Amode
Umschlagabbildung: Milushkina Anastasiya/shutterstock.com, Feaspb/shutterstock.com, lineartestpilot/ shutterstock.com, Mundus/shutterstock.com, Soloma/shutterstock.com, Andrew Deer/shutterstock.com, abeadev/shutterstock.com
Illustrationen Innenteil: Sterling Martin; Rahmen S. 28, 46, 56, 62, 70, 74, 78: Digiselector/shutterstock.com; Pergament S. 20, 21, 34, 35, 54, 55, 60, 61: grandnat/shutterstock.com; Sternenrand S. 78-91: honoka/ shutterstock.com
Satz: inpunkt[w]o, Haiger (www.inpunktwo.de)
Druck: GGP Media GmbH, Pößneck
Printed in Germany

ISBN Print 978-3-7423-0232-8
ISBN E-Book (PDF) 978-3-95971-685-7
ISBN E-Book (EPUB, Mobi) 978-3-95971-684-0

Weitere Informationen zum Verlag finden Sie unter

www.rivaverlag.de
Beachten Sie auch unsere weiteren Verlage unter www.m-vg.de

UNSER GANZ SPEZIELLER DANK
GILT CODY WELLONS FÜR DAS
LAYOUT UND NATÜRLICH DEM
ILLUSTRATOR STERLING MARTIN.
VERMUTLICH HAT UNS JEMAND
AN DEM TAG, AN DEM DIESE
BEGABTEN MENSCHEN ZU
UNSEREM PROJEKT STIESSEN,
EINEN SCHLUCK FELIX FELICIS IN
DEN KÜRBISSAFT GETAN.
DANKE!

STIMMEN ZUM BUCH

»Dieses Buch hat mir das Selbstvertrauen gegeben,
das ich brauchte, um für mich einzustehen.
Jetzt fehlt mir nur noch ein Buch, in dem erklärt wird,
wie ich den verdammten Zauberstab aus der Nase kriege!«

BRYAN BIGGLES, HUFFLEPUFF

»Früher verbrachte ich jeden Nachmittag heulend in der Toilette,
zusammen mit der Maulenden Myrte – aber mit diesem
Buch und den Verwünschungen darin wurde alles besser.
Ich bin schon ein ganzes Jahr lang nicht mehr schikaniert worden!
Das ist das beste Buch auf der ganzen Welt!«

MRS. H. PERBOLEE, HUFFLEPUFF
(Diese Aussage wurde vom Zaubereiministerium
bislang nicht bestätigt.)

»Peeves hat mir dieses Buch geklaut,
als ich im Zaubertränke-Kurs war.
Jetzt tobt er schlimmer als je zuvor.«

YOLANDA PERKINS, RAVENCLAW

»Dieses Handbuch wäre genau das Richtige für meinen Bruder,
dem man fast jeden Tag einen Hosenzieher verpasst. Vielleicht
leihe ich es ihm ja, aber zuerst muss ich es selbst noch
ein paarmal lesen.«

SANDY SPROUTSWORTS, RAVENCLAW

»Vor der Lektüre dieses Buchs war ich Zielscheibe jedes
blöden Witzes von den Slytherins. Jetzt, wo ich es
gelesen habe, fühle ich mich wie ein echter Gryffindor!«

NEVILLE LONGBOTTOM, GRYFFINDOR

»Dieses Buch hat mein Leben ruiniert.
Jetzt machen diese ganzen Typen mich nur noch blöd an.«

KEVIN CURDS, SLYTHERIN

EINFÜHRUNG

Hacken die anderen in der Verwandlungsklasse immer auf dir herum? Oder zieht man dich auf, weil deine Mutter ein Muggel ist? Wünschst du dir sehnlichst einen Zeitumkehrer, um die ultimative Retourkutsche loslassen zu können?

Ob du nun ein Unheimlich Toller Zauberer (UTZ) bist oder immer noch gespannt auf dein Aufnahmeschreiben für Hogwarts wartest, du hast vermutlich schon Bekanntschaft mit brutalen Typen wie Malfoy oder dem feigen Dursley gemacht, die dein magisches Blut in Wallung bringen. Wenn du je sprachlos vor einem Vollpfosten gestanden hast, der dich einen unfähigen Squib, ein weinerliches Weichei oder ein dreckiges Schlammblut genannt hat, dann ist dieses Buch genau das Richtige für dich!

Lies diese magischen Seiten so aufmerksam wie möglich. Mit ein bisschen Hufflepuff-Fleiß wirst du jedem Fiesling bald mit der Kühnheit eines Gryffindors die Stirn bieten und selbst den schlauesten Ravenclaws und gemeinsten Slytherins Verwünschungen um die Ohren pfeffern, die sich gewaschen haben.

SPRICH MIR NACH ...

ICH SCHWÖRE
FEIERLICH:
MICH ZU
ÄRGERN TUT
KEINEM
FIESLING GUT.

DIE GESCHICHTE DES ZAUBERERFIESLINGS

Fieslinge gibt es in der magischen Welt ebenso lange, wie es die Zauberei gibt. Auch in prähistorischer Zeit hatten junge Hexen und Zauberer mit magischen Rabauken zu tun, die unschuldige Hexenmädchen in Wollmammuts verwandelten und ihren Zauberstab missbrauchten, um arglose Zauberer plötzlich ohne Umhang dastehen zu lassen.

Doch erst um das Jahr 1000 finden wir den ersten ausreichend dokumentierten Fall eines Zaubererfieslings – und zwar niemand Geringeren als Salazar Slytherin höchstpersönlich. Etwa um diese Zeit beschlossen Slytherin und drei weitere große Hexen und Zauberer ihrer Zeit – Godric Gryffindor, Helga Hufflepuff und Rowena Ravenclaw – die Hogwarts-Schule für Hexerei und Zauberei zu gründen. Meinungsverschiedenheiten darüber, welche Schüler aufgenommen werden sollten, führten zu den ersten Zwischenfällen mit Zaubermobbing.

Es begann damit, dass Slytherin, der Hufflepuffs andauernde Versuche, zwischen den vier Parteien zu vermitteln, satthatte, mittels eines Austauschzaubers Hufflepuffs Zucker durch Salz ersetzte. Natürlich gab dieser kleine Streich eine schreckliche Tasse Tee ab – den Godric Gryffindor Slytherin per Wirbelzauber ins Gesicht schüttete. An diesem Punkt mischte sich Rowena Ravenclaw ein und schlug vor, nur Schüler mit überdurchschnittlichen intellektuellen Fähigkeiten aufzunehmen. Daraufhin wedelte Slytherin kurz mit dem Zauberstab, um sie mundtot zu machen, und warf ihr an den Kopf, dass sie mit ihrem Diadem runder und feister aussehe als der Vollmond. Spätestens ab da entwickelte sich Slytherin zu einem fürchterlichen Fiesling – er schleuderte seinen Kollegen Schimpfworte an den Kopf, verfluchte sie, kaum hatten sie ihm den Rücken zugedreht, und versuchte immer wieder, ihnen mit dem Ungeheuer, das er angeblich in Hogwarts versteckt hatte, Angst einzujagen.

Der nächste bekanntere Zwischenfall ereignete sich 1689, kurz nachdem das Internationale Statut zur Geheimhaltung der Magie unterzeichnet worden war. Ironie des Schicksals: Das Statut war unterzeichnet worden, um Hexen- und Zaubererkinder vor der Verfolgung durch Muggel zu schützen, führte im Endeffekt aber zu allerlei Schikanen gegen die Muggel. Tatsächlich wurde im Jahr 1690 der erste schrumpfende Schlüssel registriert.

Wie du ja selbst weißt, treiben heute noch Fieslinge ihr Unwesen in den ehrwürdigen Hallen von Zauberinstitutionen, ob diese nun auf den eisigen Bergen von Durmstrang liegen oder an den sonnigen Stränden von Beauxbatons. Und natürlich treffen wir auch in Hogwarts auf den klassischen Fiesling. Slytherin bringt zwar immer noch die übelsten dieser Sorte hervor – vor allem den schrecklichen Du-weißt-schon-wen –, ist jedoch keineswegs der einzige Ort, an dem solche Blumen des Bösen blühen. In Ravenclaw stoßen wir immer wieder auf den feindseligen Fiesling vom Typus »Klugscheißer«, und auch ein paar Gryffindors nutzen ihren Mumm für nicht gerade edle Zwecke. Selbst Hufflepuff bringt gelegentlich eine nicht ganz so nette Hexe hervor. Und sogar einige heute hochgeschätzte Zauberer – wie etwa Harrys Pate Sirius Black – waren in ihrer Jugend miese Fieslinge.

ZITIERTE WERKE:

Bathilda Bagshot,
Geschichte der Zauberei,
Erstauflage,
London 1947.

TRAMPLE NICHT AUF DIR HERUM

Zauberer, die vor der Lektüre Opfer eines Fieslings wurden: 80%

Zauberer, die nach der Lektüre noch Opfer eines Fieslings wurden: 2%

Die weitläufigen Hallen von Hogwarts können auch für den mutigsten Gryffindor etwas Einschüchterndes an sich haben. Die Schulzeit eines Zauberlehrlings ist voller Gefahren – da ist einmal der Zaubertränke-Kurs für Fortgeschrittene, aber auch das Hauptfach Verteidigung gegen die dunklen Künste. Harry Potter bekämpfte Ihn, dessen Name nicht genannt werden darf, den größten Fiesling aller Zeiten – und das ist noch längst nicht alles. Harry musste sich auch mit anderen groben Gesellen auseinandersetzen, zum Beispiel mit Acromantulas, der Peitschenden Weide, den Malfoys, einem Basilisken, den Lestranges, mit Trollen und Horkruxen, um nur einige zu nennen. Auch Harry fühlte sich der magischen Bedrohung nicht immer gewachsen, aber er riss sich am Robenriemen und entwickelte das nötige Selbstvertrauen, um einige der schlimmsten Fieslinge aller Zeiten zu besiegen. Selbst Ron Weasley, Harrys schreckhafter bester Freund, gelang es, genug Gryffindor-Courage zusammenzukratzen, um seine schlimmsten Feinde zu bezwingen.

Also, keine Bange! Dieses Handbuch wird dir helfen, ein selbstsicherer, furchtloser Zauberer zu werden, der den schlimmsten Hooligans von Hogwarts die bösesten Verwünschungen um die Ohren knallt. Hör auf, auf dir herumzutrampeln! Du wirst ein großartiger Zauberer werden! Wart's nur ab ...

Du zweifelst immer noch an dir? Tu's nicht! Ob du's glaubst oder nicht: Einige der meistverehrten Zauberer der Geschichte waren einstmals Opfer aggressiver Mobber! Blättere nur mal durch das Buch und lies die Kärtchen über die Beleidigungen großer Zauberer. Das beweist, dass schon andere vor dir sich gegen Fieslinge zur Wehr setzen mussten.

Wie man einen magischen Fiesling erkennt

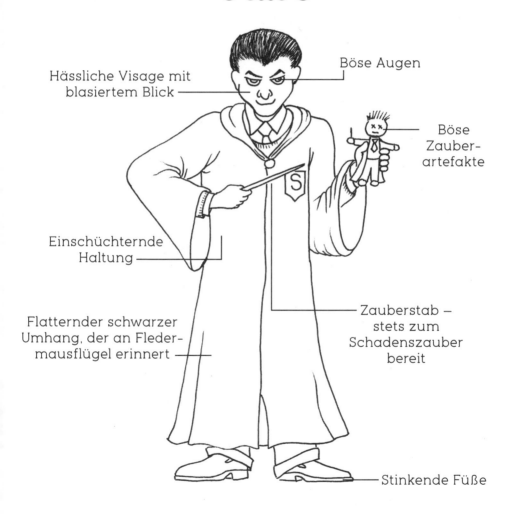

TIPPS FÜR EINEN ERFOLGREICHEN AUFTRITT

Hier lernst du, wie du deine Verwünschung am besten an den Mann (oder die Frau) bringst. Wenn du diese Ratschläge befolgst, gehen dir die magischen Beleidigungen mit Leichtigkeit über die Lippen!

SO NICHT!

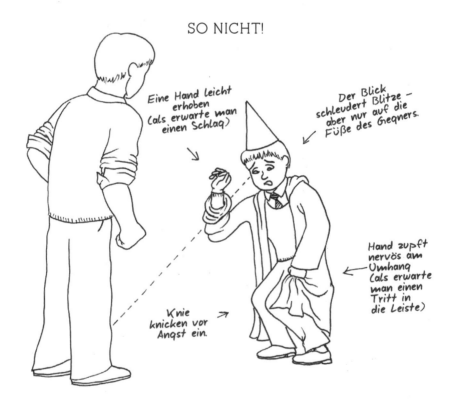

SO GEHT DAS!

SIEHST DU DEN UNTERSCHIED?
SELBSTVERTRAUEN IST DAS A UND O.

TEST 1
[GRUNDLAGE ALLER ANDEREN TESTS]

Bevor du nun anfängst, dich eingehender mit der Kunst des Verwünschens zu beschäftigen, solltest du diesen Test machen, um herauszufinden, ob du zu den furchtsamen Feiertagszauberern gehörst oder zu den zackigen Zauberstabschwingern. Vermutlich liegst du irgendwo dazwischen …

1. **Du bist gerade auf dem Weg in Kräuterkunde, als der Klassenfiesling dir ein Bein stellt und du stolperst. Was machst du?**
a. In Tränen ausbrechen und den Kopf in den Sand stecken.
b. Kurz überlegen, ob du ihn zum Frettchen machst – doch deine Fairness hält dich davon ab.
c. Mit den Fäusten auf ihn eindreschen – und ihn so zum Muggelduell herausfordern.

2. **Da ist dieses Mädchen, das dich schon mobbt, seit du in die erste Klasse gekommen bist. Sie erzählt überall herum, dass du ein Halbtroll bist. Was machst du?**
a. Versuchen, das Gekicher und Geflüster deiner Klassenkameraden zu ignorieren, und dich jeden Abend in den Schlaf weinen.
b. Sie dem Lehrer melden.
c. Sie mit einem ausgewachsenen Bergtroll in der Toilette einsperren.

3. **Du isst gerade Kürbispastete, als ein hinterhältiger Slytherin einen Austauschzauber vollführt und du plötzlich eine Rattengalle im Mund hast. Was machst du?**

a. Weiterkauen und so tun, als hättest du es nicht bemerkt.

b. Die Rattengalle ausspucken und den Slytherin total böse angucken.

c. Ihn verzaubern, bis Professor McGonagall dir den Zauberstab abnimmt.

AUSWERTUNG:

Furchtsamer Feiertagszauberer (hauptsächlich a)

Du lässt dich herumschubsen wie ein Hauself ohne Rückgrat. Wisch dir die Tränen ab, schnapp dir eine Feder und schreib fleißig mit, denn du wirst jetzt lernen, wie man sich gegen Zauberfieslinge zur Wehr setzt!

Wischi-Waschi-Warlock (hauptsächlich b)

Du willst dich zwar verteidigen, aber es fehlt dir an Selbstvertrauen. Lern ein paar bissige Sprüche auswendig. Mit ein wenig Übung kannst du die Fieslinge im Handumdrehen mit Worten niedermachen.

Zackiger Zauberstabschwinger (hauptsächlich c)

Hoppla, immer mit der Ruhe! Nimm die Fäuste runter, lass deinen Zauberstab stecken und atme mal tief durch. Du solltest lernen, mit Fieslingen so umzuspringen, dass am Ende nicht du derjenige bist, der nachsitzen muss!

DER AUSERWÄHLTE

Du musst an einem ganz besonderen Tag geboren worden sein, denn die Prophezeiung hat dich zum nächsten Meister der bissigen Bemerkung erklärt! Mach dich bereit: Bald wirst du Konter austeilen wie der Ungarische Hornschwanz Feuerbälle! Nutz die Verwünschungen auf den folgenden Seiten weise. Du willst ja nicht der Schule verwiesen werden, weil du einen deiner Mitschüler dazu getrieben hast, die Kammer des Schreckens zu öffnen, nur damit er dir entkommt.

Übung macht den Meister, also präg dir deine Lieblingssprüche gut ein, damit du sie parat hast, wenn du sie brauchst! Und probier sie bitte nicht an deinen jüngeren Geschwistern aus, sonst schicken deine Eltern dir vielleicht einen Heuler und du stehst in der Großen Halle vor all deinen Freunden da wie ein Idiot. Du willst ein bisschen üben? Dann schau in einen Spiegel, wirf dir ein paar Beleidigungen an den Kopf und beobachte, ob du zu weinen anfängst. Wenn ja, dann machst du alles richtig! Wenn nicht, dann üb weiter, kleiner Hexenmeister!

Eine Verwünschung ist ein scharfes Schwert, manchmal zu scharf. Daher gibt es weiter hinten im Buch einen Abschnitt darüber, wie du mit kritischen Situationen am besten umgehst, zum Beispiel wenn dein Wortzauber so stark war, dass der Fiesling dir jetzt eins überbraten will. Außerdem wirst du noch sogenannte TIWLs – Tests im wirklichen Leben finden. Da musst du dann zeigen, wie schlagfertig du bist und ob dir etwas einfällt. Und vergiss nicht: Dieses Buch ist für dich geschrieben worden, damit du lernst, wie du Fieslingen ein für alle Mal das Handwerk legst.

ALSO:
WORAUF WARTEST
DU NOCH?

ACCIO VERWÜNSCHUNGEN!

DU BIST SO HÄSSLICH, DASS VOLDEMORT DEINEN NAMEN NICHT NENNEN WÜRDE.

GEGEN AVADA KEDAVRA WAR DUMBLEDORE IMMUN. WAS IHN UMGEBRACHT HAT, WAR DEIN MUNDGERUCH.

IMMER WENN ICH EINEN DEMENTOR SEHE, MUSS ICH AUTOMATISCH AN DICH DENKEN.

DU UND HARRY, IHR HABT ETWAS
GEMEINSAM: AN JEDEM GEBURTSTAG
SEID IHR ALLEIN.

Schon gewusst?

Hagrid wurde als Hogwarts-Schüler von den anderen Jungen gehänselt.

ICH WÜNSCHTE, DER
PROTEGO-ZAUBER WÜRDE
MICH VOR DEINEM ANBLICK
BEWAHREN.

WEISS HAGRID EIGENTLICH,
DASS DU NICHT MEHR IN
DEINEM KÄFIG BIST?

HIER HAST DU EIN BISSCHEN
FLOHPULVER. UND NUSCHLE
ORDENTLICH.

GEH IN DEN RAUM DER WÜNSCHE UND VERSCHWINDE WIE ROWENA RAVENCLAWS DIADEM.

DOOF, WIE DU BIST, GLAUBST DU, DASS MAN ZUM QUAFFEL EINE ORDENTLICHE PORTION SIRUP BRAUCHT.

Salazar Slytherin warf man Folgendes an den Kopf: »Du bist so ein Loser, dass du gelernt hast, mit Schlangen zu reden, um überhaupt Freunde zu haben.«

DU BIST DER VIERTE UNVERZEIHLICHE FLUCH.

FOLGE DEN SPINNEN.
IM ERNST JETZT.

DU REDEST UND REDEST,
ABER ICH HÖRE IMMER NUR
DIE MAULENDE MYRTE.

Fakten

Acromantulas haben Fieslinge zum Fressen gern.

Tipp

Du kannst »Spiegel« in dem Irrwicht-Spruch wahlweise durch »Deodorant«, »Minzbonbon« oder »ein Stück Seife« ersetzen.

WENN DU EINEM
IRRWICHT BEGEGNEST,
VERWANDELT ER SICH
DANN IN EINEN SPIEGEL?

DER OGER

Weil dieser Typ Fiesling für gewöhnlich fett und langsam ist, kannst du ihm gut und gerne zwei bis drei Beleidigungen um die Ohren pfeffern, bevor er mit seiner vollen Süßigkeitentüte ausholt. Lauf weg und achte darauf, dass er dich nicht erwischt, sonst verpasst er dir eine Kopfnuss, die dir noch tagelang wehtun wird.

AM LIEBSTEN WÜRDE ICH ALLES, WAS DIR GEHÖRT, IN PORTSCHLÜSSEL VERWANDELN.

SO FETT, WIE DU BIST, IST DEIN PATRONUS GARANTIERT EIN KESSELKUCHEN.

Ein schöner Streich

Probleme mit einer unerträglichen Besserwisserin? Dann brau doch einen Verwirrungstrank und juble ihn ihr vor den ZAG-Prüfungen unter.

DU BIST UNGEFÄHR SO SCHLAU, WIE DUDLEY SCHLANK IST.

HARRYS AUFNAHMEBRIEF KAM MIT EINER EULE, DER DEINE MIT BEDAUERN.

ICH WÜRDE DICH JA NACH ASKABAN SCHICKEN, ABER DAS WÄRE FIES GEGENÜBER DEN ANDEREN INSASSEN.

Tipp

Du kannst auch sagen: »Ich würde dich ja in die Kammer des Schreckens werfen, aber das wäre unfair gegenüber dem Basilisken!«

DER UNTERSCHIED ZWISCHEN DIR UND SNAPE? SNAPE HATTE EIN HERZ.

Achtung!

Beleidigungen gegenüber Snape auf eigene Gefahr!

ICH WEISS, DASS DU DIE ZAG-PRÜFUNG IN VERWANDLUNG VERGEIGT HAST, SONST HÄTTEST DU LÄNGST WAS GEGEN DEINE VISAGE UNTERNOMMEN.

ICH WÜRDE JA GERNE SAGEN, DASS ICH DICH MAG. ABER ICH SOLL DOCH KEINE LÜGEN ERZÄHLEN.

Nicolas Flamel brach in Tränen aus, als man zu ihm sagte: »Du bist ja so alt, dass du die Geschichte der Zauberei als Memoiren verwenden kannst.«

HAU AB, BEVOR ICH ETWAS TUE, WAS MICH KÜNFTIG THESTRALE SEHEN LÄSST.

DU BIST EINE TÖDLICHE SPASSBREMSE FÜR JEDE PARTY – WIE EIN DEMENTOR, DER EINEM MENSCHEN DIE SEELE AUSSAUGT.

Fakten

Die Haut der Dementoren sieht aus wie Fleisch, das man eine Woche liegen lässt. Bäääh!

LASS UNS EINEN UNBRECHBAREN SCHWUR ABLEGEN: DASS DU NIE MEHR IN MEINE NÄHE KOMMST.

WENN JEMAND WAS NETTES ÜBER DICH SAGT, FÄNGT MEIN SPICKOSKOP AN ZU KREISCHEN.

WENN DER TOD DICH NUR ALS EBENBÜRTIGEN KENNZEICHNEN WÜRDE!

WENN ICH DEN RAUM DER WÜNSCHE SEHE, BIST DU GARANTIERT NICHT DRIN.

Schon gewusst?

Du kannst dir einen Raum vorstellen, in dem es keine Fieslinge gibt.

TIWL – TEST IM WIRKLICHEN LEBEN

TEST 1:
BOSHAFTE FIESLINGE BANNEN

Es ist ein wunderschöner Tag in Hogsmeade. Rote Blätter schweben von den Bäumen und setzen sich auf die Strohdächer der kleinen Häuser und Läden. Es liegt eine Andeutung von Frost in der Luft, schließlich naht der Herbst. Und in Hogwarts wird heute Abend das große Halloween-Fest gefeiert. Du gehst in den Honigtopf und überlegst dir gerade, ob du dir Zischende Wissbies oder lieber eine Gummischnecke kaufen sollst, da bemerkst du, wie eine Gruppe deiner Klassenkameraden in der Ecke steht, flüstert und mit dem Finger in deine Richtung deutet. Du siehst dich kurz um. Niemand hinter dir. Die müssen also dich meinen.

Der Klassenfiesling zuckelt zu dir herüber, grinst dämlich und sagt: »Ich habe gerade allen erzählt, dass du für Halloween eigentlich gar keine Maske brauchst. Dein Gesicht ist hässlich genug …«

Du spürst, wie deine Wangen brennen. Das Gekicher deiner Klassenkameraden klingt in deinen Ohren wie Donnerhall, aber du atmest einfach nur tief durch, stellst dich gerade hin und …

      a. … wirfst ihm eine Pfefferminzkröte an den Kopf.

      b. … sagst: »Wenn du einen Irrwicht triffst, wird der dann zum Spiegel?«

      c. … läufst weg und schwörst dir, nie wieder einen Fuß nach Hogsmeade zu setzen.

      d. … zischst etwas Unverständliches in der Hoffnung, dass sich von irgendwoher eine Giftschlange materialisiert, die genau das tut, was du willst.

Richtige Antwort: b

MAGISCHE HILFSMITTEL

Manchmal braucht ein Zauberer ein bisschen Hilfe, wenn er einem Fiesling aus dem Weg gehen will. Die folgenden Dinge wirst du brauchen, wenn du ins Klassenzimmer gelangen willst, ohne dass dir jemand einen Hosenzieher verpasst.

DER ZAUBERSTAB
Der ist natürlich nur das letzte Mittel. Mit diesem Buch gewappnet, wirst du ihn nur selten brauchen.

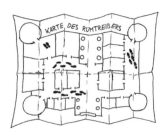

DIE KARTE DES RUMTREIBERS
Wichtig, um die Lieblingsplätze der Fieslinge auszukundschaften. Am liebsten versammeln sie sich hinter den Gewächshäusern oder unter den Bänken der Quidditch-Tribüne.

DER TARNUMHANG

Da auch dies ein höchst rarer Gegenstand ist, würden wir dir empfehlen, dich stattdessen mit den Verwünschungen dieses Buchs zu wappnen.

DER VIELSAFTTRANK

Fieslinge sind hinter dir her. Der sicherste Weg, es ins Klassenzimmer zu schaffen, ist, dich in jemand anderen zu verwandeln!

DER ZEITUMKEHRER

Damit kannst du deinen guten Ruf wiederherstellen: Reise zurück in der Zeit, denk dir einen knackigen Konter aus und tauch dann wieder auf – kurz bevor der Fiesling dich angeht.

BEKANNTE FIESLINGE UND DIE VERWÜNSCHUNGEN, DIE SIE ZUR SCHNECKE MACHTEN

Wie du ja bereits weißt, gibt es Fieslinge schon mindestens genauso lange wie die Magie selbst. Hast du die Kärtchen über die berühmten Zauberer gelesen, die im Buch immer wieder auftauchen, dann weißt du, dass selbst einige der größten Zauberer der Geschichte mit fiesen Streichen und demütigenden Flüchen zu kämpfen hatten. Doch das sind nicht die einzigen Hexen und Zauberer, die Ärger mit Fieslingen hatten.

Wusstest du zum Beispiel,

 dass Merlin den spitzen Hut nur trug, um sich selbst vor etwaigen Toilettentauchern zu schützen?

dass Wendeline die Ulkige es so satthatte, immer wieder die gleichen Scherze vom Typ »Deine Mutter ist so fett, dass ...« zu hören, dass sie 47 Mal versucht hat, sich auf dem Scheiterhaufen verbrennen zu lassen?

 dass Agrippa das erste Geschöpf auf Erden war – ob nun Zauberer oder Muggel –, das einen Hosenzieher bekam? (Danach trug er nie mehr Unterwäsche unter der Toga.)

 dass Dumbledore zum ersten Mal die Nase gebrochen wurde, als er im dritten Schuljahr war? Damals ging ein Slytherin auf ihn los, weil er ein Muggel-Sympathisant war.

Das ist alles wahr!

Lies die Kärtchen über die Beleidigungen, die berühmte Zauberer einstecken mussten. Dort findest du mehr spannende Fakten über magische Gemeinheiten im Wandel der Zeiten.

39

Achtung! Beleidigungen gegenüber Zentauren werden meist mit schwirrenden Pfeilen bestraft!

DU BIST DER GRUND DAFÜR, DASS DIE ALRAUNEN SCHREIEN.

WENN VOLDEMORT NOCH AM LEBEN WÄRE, WÜRDE ICH IHM SAGEN, DASS DU DER AUSERWÄHLTE BIST.

HÄTTE ICH HEUTE MORGEN DOCH BLOSS EINEN SCHLUCK FELIX FELICIS GENOMMEN, DANN WÄRST DU MIR WOHL NICHT ÜBER DEN WEG GELAUFEN.

Gellert Grindelwald zuckte zusammen, als man ihm an den Kopf warf: »Du bist so hässlich, du musst statt des Todesstabs den Fratzenstab erwischt haben!«

WAR DAS DEIN BILD AUF DEM COVER VOM *MONSTERBUCH DER MONSTER*?

ICH WÜRDE DICH JA IN DAS VERSCHWINDEKABINETT BEI BORGIN & BURKES SPERREN, WENN ICH WÜSSTE, DASS DU DANN NICHT MEHR IN DER SCHULE AUFTAUCHST.

WER HAT DENN HEUTE MORGEN DEINE KLAMOTTEN RAUSGESUCHT? DEIN HAUSELF?

Schon gewusst?

Die Misshandlung von Hauselfen gehört zu den schlimmsten Gemeinheiten. Tritt B.ELFE.R bei und tu was dagegen!

Ein guter Streich

Brau einen Liebestrank für deinen Erzfeind und gib ein wenig davon in Millicent Bulstrodes Kürbissaft.

KEINE SORGE: DIR KIPPT GANZ SICHER NIEMAND EINEN LIEBESTRANK INS GLAS.

PETZEN IST FÜR WEICHEIER

Wenn Malfoy Harry auf den Fluren von Hogwarts blöd anmachte, lief der nicht zu Professor McGonagall, um zu petzen. Er blieb stehen, sah Malfoy in die Augen, grinste und schleuderte ihm eine Verwünschung entgegen, der sich gewaschen hatte! Malfoy hatte keine Chance: Harrys Witz hatte ihn besiegt. Das kannst du dir zum Vorbild nehmen – außer man hat dich körperlich angegriffen und verletzt. Ist dies der Fall, musst du dich an einen Lehrer wenden und kannst nur hoffen, dass die Typen mal bei Dolores Umbridge nachsitzen müssen. (Vielleicht lässt sie sie ja mit ihrer besonderen Feder hundertmal schreiben: »Ich darf andere nicht schikanieren.«)

Denk daran: Wenn du einen Fiesling beim Lehrer meldest, nur weil er dir beleidigende Schimpfnamen verpasst, hast du ihn für den Rest deiner Schulzeit an der Backe. Also versuch's lieber mit Verwünschungen, die ihn so richtig blöd dastehen lassen. Klappt das auch nicht, dann gibt einfach Fersengeld. Man sagt dazu auch: »Sich nicht auf dieses Niveau herablassen.« Aber vergiss nicht: Du hältst dieses Buch aus einem bestimmten Grund in Händen. Du findest hier 101 Verwünschungen, gegen die kein Fiesling ankommt. Wenn du ihn lächerlich machst, wirst immer du der Sieger sein. Dann rennen nämlich deine Gegner aufs Klo und heulen sich die Augen aus, während ein Troll die Toilettenkabinen zerschmettert.

42

DER GUTE LUCIUS HATTE JA SO
RECHT. MITTLERWEILE LASSEN
SIE HIER JEDEN REIN.

DEINE HÄSSLICHE
VISAGE MAG NICHT
MAL EIN DEMENTOR
KÜSSEN.

Tipp

Statt »Dementor« kannst du auch »Pansy Parkinson« sagen.

Achtung!

Wenn du dich in Crabbe oder Goyle verwandelst, hinterlässt das meist einen üblen Nachgeschmack auf der Zunge.

HIER HAST DU EIN
BISSCHEN VIELSAFTTRANK:
HAUPTSACHE, DU WIRST
ANDERS, ALS DU JETZT BIST!

WENN DIE PROPHEZEIUNG NICHT SAGT, DASS DU JETZT SOFORT VERSCHWINDEST, DANN WILL ICH SIE GAR NICHT HÖREN.

Ptolemäus kotzte ab, als man zu ihm sagte: »Du Blödmann hast doch tatsächlich geglaubt, dass die Sonne um die Erde kreist!«

DU BIST SCHLIMMER ALS ALLE SIEBEN HORKRUXE ZUSAMMEN.

SNAPE HAT MIR EINE EULE GESCHICKT. ICH SOLL DIR AUSRICHTEN, DASS ER SEINE FETTIGEN HAARE WIEDERHABEN WILL.

DU BIST SO WIDERLICH,
DASS MAN NACH DIR DEN
SCHLIBBRIGEN SUMMLINGER
BENANNT HAT.

Fakten

Walburga Black, Mutter von Sirius, musste wegen Mobbing in Hogwarts häufig nachsitzen.

MANCHMAL KANN ICH SIRIUS' MUTTER
RICHTIG VERSTEHEN. WENN ICH EIN
KIND WIE DICH HÄTTE, WÜRDE ICH ES
AUCH AUS DEM STAMMBAUM
STREICHEN.

DER SCHLÄGERTYP

Er hat wahnsinnig viele Muskeln und ist echt groß. Seine Hosenzieher sind die schlimmsten. Verwirre ihn am besten mit komplexen Beleidigungen, um Zeit zu gewinnen: Dann lauf, bevor er sein Schlagholz gegen dich einsetzen kann – denn natürlich ist er ein Treiber.

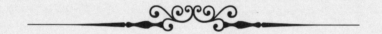

Schon gewusst?

Diese Verwünschung über Cornelius Fudge soll von Fred Weasley stammen.

DU BIST SO FETT, DASS MAN MEINEN KÖNNTE, DU HÄTTEST CORNELIUS' FUDGE GEFRESSEN.

QUIETUS! RUHE!

EIN FLUBBERWURM HAT MEHR PERSÖNLICHKEIT ALS DU.

ES IST EINE SCHANDE: CEDRIC DIGGORY MUSSTE STERBEN, UND DU BIST IMMER NOCH DA.

Tipp

Du kannst das auch ersetzen durch: »Dein Gesicht erinnert mich immer an Flubberwurmschleim.«

WIE DU ZUM ZAUBERER GEWORDEN BIST,
IST EINES JENER RÄTSEL, DIE AUCH DIE
MYSTERIUMSABTEILUNG NICHT LÖSEN
KONNTE.

Fakten

Ein Phönix beleidigt nie und nimmer einen Menschen, doch hin und wieder lässt der Vogel über einem Fiesling ein Tröpfchen fallen.

HÄTTEST DU EINEN
PHÖNIX, ER WÜRDE
SICH DIE MÜHE DER
WIEDERGEBURT ERST
GAR NICHT MACHEN.

DU BIST SO BLÖD, DASS DU
DICH DEN TODESSERN
ANGESCHLOSSEN HAST,
WEIL DU HUNGER HATTEST.

49

GEH DOCH UND
BELEIDIGE EINEN
HIPPOGREIF!

Achtung!

Beleidige NIE einen Hippogreif, wenn du keine Kralle ins Gesicht kriegen willst.

WENN ICH IN DEN
SPIEGEL NERHEGEB
BLICKE, IST ALLES
WIE JETZT AUCH –
NUR DU BIST WEG.

DEIN GESICHT HAT AUF MICH DIESELBE WIRKUNG WIE KOTZPASTILLEN.

OLLIVANDER HAT DIR EINEN ZAUBERSTAB GEGEBEN, DER ZU DEINEM KOPF PASST: DICK UND HOHL.

Tipp

Du kannst »dick und hohl« ersetzen durch »groß und leer«.

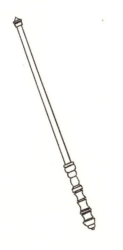

DEIN HINTERN IST SO EXPLOSIV WIE DER EINES KNALLRÜMPFIGEN KRÖTERS.

FRECHHEIT SIEGT – NICHT IMMER

Wenn du deinem Feind eine wüste Beleidigung an den Kopf knallst, kann das Folgen haben. Manchmal werden die Fieslinge dann erst so richtig sauer – und wollen dir ans Leder. Erinnerst du dich, wie Malfoy Harry im Hogwarts-Express mit dem Petrificus-Totalus-Zauber lahmlegt und ihm dann ins Gesicht tritt? Das wollen wir doch lieber lassen, oder? Unten findest du ein paar gemeine Reaktionen von Fieslingen, die statt mit Köpfchen mit brutaler Muskelkraft agieren.

Der Wedgie

Der Fliegende Teppich

Der Toilettentaucher

Die Kopfnuss

Der Armbrenner

MIR TUT AUCH DIE STIRN WEH,
WENN ICH AN DICH DENKE.

NIEMAND MACHT SICH DIE
MÜHE, AUF DER KARTE DES
RUMTREIBERS DEINE SCHRITTE
ZU VERFOLGEN.

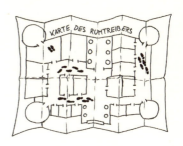

WEGEN DEINER HÄSSLICHEN VISAGE HAT DAS
ZAUBEREIMINISTERIUM DICH FÜR EINEN NICHT
REGISTRIERTEN ANIMAGUS GEHALTEN.

Ein guter Streich

Verkleide dich als Beamter des Zaubereiministeriums und bitte den Fiesling, doch das Formular für seine Animagus-Registrierung auszufüllen.

WENN DU DER
KLATSCHER
WÄRST, WÜRDE
ICH TREIBER
SPIELEN.

TIWL – TEST IM WIRKLICHEN LEBEN

TEST 2:

ZURÜCK AUF DEM QUIDDITCH-FELD

Du hast den ganzen Sommer damit verbracht, mit dem alten Besen deines Bruders und einem verzauberten Golfball Quidditch zu trainieren. Du hast imaginäre Klatscher abgewehrt und den kleinen Ball wirklich jedes Mal erwischt. Du hast sogar den schwierigen Wronski-Bluff gemeistert, meist mit einer blutigen Nase. Doch das viele Training und die blutigen Taschentücher haben sich gelohnt: Du bist der neue Sucher deines Hauses – der jüngste des Jahrhunderts!

Nun ist die Stunde der Wahrheit gekommen. Heute wird das erste Quidditch-Spiel der Saison ausgetragen, und du zitterst innerlich. (Fast ist dir, als hättest du ein paar getrocknete Kakerlaken mit einer Handvoll Kiemenkraut geschluckt.) Du gehst auf das Quidditch-Feld, deine Schulkameraden feuern dich an, doch da kommt der Sucher des anderen Teams – und schubst dich so hart, dass du zu Boden fällst. (Echt jetzt, der Typ ist doch viel zu breitschultrig, um einen guten Sucher abzugeben!)

»Ich möchte ja nicht wissen, wer sich bei euch für die Sucher-Position beworben hat, wenn sie dich genommen haben«, lästert der Idiot. Glücklicherweise erwischt er dich nicht kalt. Du hast dich vorbereitet. Du straffst deine Schultern, blickst dem Kerl fest in die Augen und du …

    a. … brichst in Tränen aus, bevor du zur Maulenden Myrte rennst, um ihr auf dem Mädchenklo Gesellschaft zu leisten.

    b. … sagst nichts, hoffst aber, dass du den Schnatz vor ihm erwischst.

    c. … meldest ihn bei Madam Hooch, weil er so gemein zu dir war.

    d. … sagst: »Na, ich würde ja gern Treiber spielen, wenn du der Klatscher wärst.«

Richtige Antwort: d

Die meisten deiner Verwünschungen kapiert er gar nicht, aber er ist gemein und es macht ihm Spaß, dir Armbrenner zu verpassen. Er lacht schadenfroh, wenn die anderen Fieslinge sich auf dich stürzen. Wenn er sich traut, macht er mit. Mach ihm klar, dass er ein Dummkopf ist, dann zieht er den Schwanz ein! (Aber tu's mit möglichst einfachen Worten.)

Achtung!

Sollte dein Fiesling das Dunkle Mal tragen – sieh zu, dass du wegkommst. Schnell!

BLÖD, WIE DU BIST, HÄLTST DU DAS »DUNKLE MAL« FÜR DIE BREMSSPUREN IN DEINER UNTERHOSE.

WER HAT DA EINEN FAHREN LASSEN? DU WEISST SCHON WER.

ERST HABE ICH MICH JA GEFRAGT, OB HIER JEMAND EINE STINKBOMBE GEWORFEN HAT, ABER DANN HABE ICH GESEHEN, DASS DU NEBEN MIR STEHST.

Fakten

Irrwichte verstecken sich an dunklen Orten, weil sie Angst haben, jemand könnte sie lächerlich machen.

DU SIEHST AUS WIE EIN IRRWICHT IM RIDDIKULUS!

BEI ZONKO GAB'S KEINE STINKBOMBEN MEHR. KANN ICH DAFÜR DICH WERFEN?

DAS BESTE AM APPARIEREN IST, DASS ICH SOFORT DISAPPARIEREN KANN, WENN DU KOMMST.

Tilly Toke sagte: »Bei Zonko gab's keine Stinkbomben mehr. Darf ich dich werfen?«, und schleuderte Bridget Wenlock in den Verbotenen Wald. Wenlock aber freundete sich dort mit den Zentauren an und rächte sich an Tilly.

WAS HAST DU DENN IN DEINER TEETASSE? HOFFENTLICH DEN GRIMM!

DU BIST WIE BERTIE BOTTS BOHNEN JEDER GESCHMACKSRICHTUNG: DU SIEHST AUS WIE EIN POPEL UND RIECHST NACH KOTZE.

TIWL – TEST IM WIRKLICHEN LEBEN

TEST 3:
AUF IN EINE ZUKUNFT OHNE FIESLINGE

Hand aufs Herz: Wahrsagen war noch nie dein bestes Fach. Du bist ganz gut in Verwandlung, und in Zaubertränke bist du ein Genie. Aber mit den Teeblättern und Kristallkugeln hast du's nicht unbedingt. Außerdem warst du immer schon ein bisschen tollpatschig.

Als du dich bückst, um *Die Entnebelung der Zukunft* aus dem Schulranzen zu holen, stößt du deine Teetasse um. Der heiße Tee ergießt sich über deine Schuhe, und die Mädels am Nebentisch fangen an zu kichern.

Eines der Mädchen – die, die dich schon im ersten Jahr immer im Visier hatte – beugt sich zu dir rüber und wispert hämisch: »Weißt du, wenn ich in meine Teetasse gucke, dann sehe ich, dass du durchfällst und jeder merkt, dass du ein total talentfreier Squib bist.«

Du spürst, wie deine Augen zu brennen anfangen, aber du drängst die Tränen mit aller Macht zurück. Du holst nicht den Zauberstab heraus, sondern nimmst deinen ganzen Mut zusammen und …

    a. … setzt dich wieder hin in der Hoffnung, dass Professor Trelawney ihr als Nächstes den Tod voraussagen wird.

    b. … fragst Professor McGonagall, ob du nicht stattdessen Muggelkunde belegen könntest.

    c. … hebst den Kopf, siehst die blöde Gans an und sagst: »Was hast du denn in deiner Teetasse? Hoffentlich den Grimm!«

    d. … schnappst dir die nächste Kristallkugel, um sie nach ihr zu werfen.

Richtige Antwort: c

DER PUNK

Der Punk versteckt sich unter den Bänken der Quidditch-Tribüne und wartet darauf, dass er den Takt der ersten Ramones-Songs auf deinem Schädel mitklopfen kann. Er macht einen auf hart, aber das ist nur Getue – eine treffende Verwünschung zeigt ihm, welche Musik hier gespielt wird. Dann bist du ihn ein für alle Mal los.

WENN DU DOCH NUR FÜR IMMER
UNTER DEM TARNUMHANG
VERSCHWINDEN WÜRDEST!

Ein Fiesling sagte zu Alberta Toothill: »Der Sprechende Hut hätte dich zum Müll stecken sollen.« Worauf sie vor Scham in die Mülltonne vor Hagrids Hütte sprang ...

DER SPRECHENDE HUT
HÄTTE DICH ZUM MÜLL
STECKEN SOLLEN.

DEIN GESICHT HÄTTE
SOGAR COLIN CREEVEYS
KAMERA ERLEDIGT.

ICH MÖCHTE WETTEN:
WENN DU EINEN BASILISKEN
ANGUCKST, VERENDET DAS
ARME TIER.

Achtung!

Griselkrätze ist hochgradig ansteckend. Wenn du keine roten Pusteln kriegen willst, halt Abstand zu dem Kranken.

HAST DU DIE
GRISELKRÄTZE ODER
SIEHST DU IMMER
SO AUS?

NICHT MAL DOBBY
WÜRDE DEINE SOCKEN
WOLLEN.

DEIN MUNDGERUCH IST ALLEIN SCHON EIN UNVERZEIHLICHER FLUCH.

IM RAUM DER WÜNSCHE WÜRDEST DU VERMUTLICH NUR EINE KOTZTÜTE FINDEN.

HÄTTE ICH DICH NACH HOGWARTS GEHOLT, HÄTTE ICH MICH AUCH VON SNAPE FREIWILLIG UMBRINGEN LASSEN.

Schon gewusst?

Der Raum der Wünsche ist ein hübscher, ruhiger Ort, an dem du deine Schlagfertigkeit trainieren kannst.

Schon gewusst?

Arabella Figg war eine Squib, aber niemand wagte es, sich mit ihr anzulegen: Sie war eine Meisterin des Verwünschens.

ICH KENNE SQUIBS, DIE HABEN MEHR TALENT ALS DU.

ICH GLAUBE, MEIN FLEISCHFRESSENDER SCHNECKENSCHUTZ WIRKT NICHT.

IMMER WENN ICH DICH SEHE, WÜRDE ICH AM LIEBSTEN EINE FLASCHE VERGESSLICHKEITSTRANK KIPPEN.

GEH SPLINTERN!

Tipp

Du kannst auch sagen:
»Lass dich splintern!«

HÄTTE ICH EINEN
ZEITUMKEHRER, WÜRDE
ICH MICH IN DIE ZEIT
VOR DEINER GEBURT
VERSETZEN.

ICH WÜNSCHTE, DU WÄRST
EIN HORKRUX. DANN WÄRST
DU JETZT NÄMLICH SCHON
ZERSTÖRT.

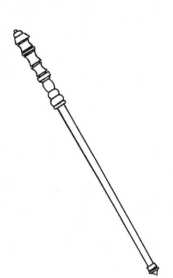

JETZT VERSTEHE ICH, WAS DUMBLEDORE MEINTE, ALS ER SAGTE, WIR SOLLTEN DIE LEBENDEN BEDAUERN, DIE KEINE LIEBE KENNEN.

Ein guter Streich

Zeichne deinem Fiesling eine Narbe auf die Stirn, während er schläft, und leg ihm einen Zettel auf die Brust, auf dem steht: »Voldemort kriegt dich noch!«

DER SNOB

Er beleidigt dich, deine Familie und deinen Minimuff. Nichts ist ihm heilig! Außerdem gibt er immer mächtig mit seiner teuren Garderobe an und macht sich mit seinen Kumpels über deine Klamotten lustig. Hier brauchst du besonders originelle Sprüche, die an seinem Stolz kratzen.

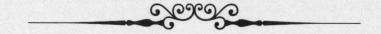

DU BIST SO HÄSSLICH,
DASS DU JEDERZEIT EINEN
JOB BEI GRINGOTTS BEKOMMEN
WÜRDEST.

HALT DIE KLAPPE,
DU ABESSINISCHE
SCHRUMPELFEIGE!

Fakten

Ein Hochsicherheitsverlies bei Gringotts ist der ideale Ort, um miese Fieslinge wegzusperren.

HAT DICH JEMAND MIT EINEM ENGORGIO-ZAUBER BELEGT?

Wilfred Elphick verließ Little Hangelton, nachdem Gifford Ollerton ihm an den Kopf warf: »DICH hätte Slytherin in die Kammer des Schreckens sperren sollen!« Seitdem ward er nie wieder gesehen.

SLYTHERIN HÄTTE DICH IN DER KAMMER DES SCHRECKENS EINSPERREN SOLLEN.

Diese Type setzt sich am liebsten auf deinen Brustkorb, packt deine Arme und ohrfeigt dich mit deinen eigenen Händen. In Zaubertränke trampelt sie dir auf den Zehen herum und wirft mit Molchaugen nach dir. Sie ist langsam, aber ziemlich stark. Pass auf, dass sie dich nicht erwischt und deinen Kopf in die Kloschüssel taucht.

Ein guter Streich

Streu ein bisschen Warzhautpulver ins Bett deines Quälgeistes. Aber pass auf, dass du es nicht an die Hände bekommst!

DU SOLLTEST ES MAL MIT REPARO VERSUCHEN. DAMIT KRIEGST DU DEIN GESICHT VIELLEICHT WIEDER HIN.

DU BIST SCHLIMMER ALS EIN DURSLEY.

WENN DU EIN HAUSELF WÄRST, HÄTTEST DU BESTIMMT KEIN PROBLEM, ETWAS ZUM ANZIEHEN GESCHENKT ZU BEKOMMEN.

DEIN ZAUBERSTAB BESTEHT AUS BLÖDHEIT UND FETT.

Tipp

Du kannst »Blödheit und Fett« ersetzen durch »Hässlichkeit mit einem doofen Kern«.

Schon gewusst?

Trolle riechen wie gekochter Kohl mit alten Socken.

UNTEN WARTET EIN TROLL AUF DICH. ER WILL SEINEN GESTANK ZURÜCK.

DU SOLLTEST DICH INS ST.-MUNGO-HOSPITAL EINWEISEN LASSEN. IRGENDWAS STIMMT MIT DEINEM GESICHT NICHT.

NICHT MAL DIE HUFFLEPUFFS WÜRDEN DICH ALS VERSTÄRKUNG WOLLEN.

Fakten

Ungarische Hornschwänze sind die miesesten Fieslinge in der Drachenschule.

DU ERINNERST MICH AN EINEN UNGARISCHEN HORNSCHWANZ. BEI DIR IST VORNE AUCH GENAUSO SCHLIMM WIE HINTEN.

Sie tut so, als wäre sie deine Freundin. Doch kaum hast du ihr den Rücken zugedreht, zieht sie über dich her! Sie ist unglaublich eitel, also pack sie dort. Sag ihr, der Pulli macht sie blass. Und dass sie aufhören soll, Quatsch zu erzählen.

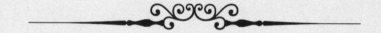

WENN DIR NUR JEDES MAL, WENN DU DEN MUND AUFMACHST, EIN SCHNATZ HINEINFLIEGEN WÜRDE!

ICH HATTE BESSERE GESPRÄCHE MIT PORTRÄTS.

Tipp

Du kannst das Wort »Porträts« ersetzen durch »Trolle«, »Alraunen« oder »Heuler«.

Ein guter Streich

Schick den Fast Kopflosen Nick los, damit er deinem Quälgeist um Mitternacht eine Einladung zur Jagd der Kopflosen überbringt.

DU WÜRDEST WAHRSCHEINLICH BESSER AUSSEHEN, WENN DU DICH DER JAGD DER KOPFLOSEN ANSCHLIESSEN WÜRDEST.

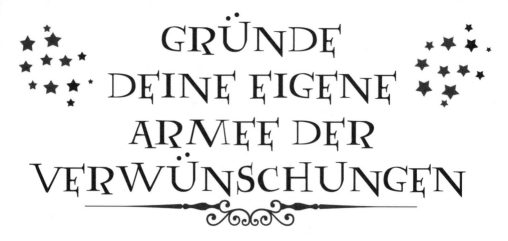

GRÜNDE DEINE EIGENE ARMEE DER VERWÜNSCHUNGEN

Eine Armee der Verwünschungen – so etwas hätten die in Hogwarts verspotteten Hexen und Zauberer gut gebrauchen können! Jetzt, wo du zum Meister des Verwünschens aufgestiegen bist, solltest du deine neuen Fähigkeiten mit denen teilen, die sie nötig haben. Wenn du dir nun zu helfen weißt und anderen hilfst, es dir gleichzutun, ist das eine starke Botschaft an die Fieslinge: »Ihr habt keine Macht mehr über mich!«

Du hast dein Leben zurückgefordert und kannst durch die Gänge von Hogwarts schlendern, ohne dich vor dem U-Boot oder dem Punk fürchten zu müssen. Zudem wird so eine Armee dir natürlich auch den Rücken freihalten, wenn du mal wieder an einen Fiesling geraten solltest. Denn manchmal breitet sich in so einem Fall gähnende Leere im Kopf aus und es fällt einem absolut nichts mehr ein von dem, was man zu Hause geübt hat. Doch deine Freunde stehen dir bei!

Die Armee der Verwünschungen kann viele Aufgaben erfüllen, die wichtigste aber ist: Wenn du dein magisches Wissen mit anderen teilst, dann schmiedest du Allianzen. Dann hast du Freunde und Verbündete und ihr könnt euch gemeinsam zur Wehr setzen.

Accio Armee!

W. W. D. T.?

Was würde Dumbledore tun?

Denjenigen in Hogwarts Hilfe anbieten, die sie benötigen.

VERWÜNSCHUNGEN, DIE ALLE MAGISCHEN FIESLINGE ZUM HEULEN BRINGEN

WENN QUIRRELL DICH VERFLUCHT HÄTTE, HÄTTE BESTIMMT NIEMAND SEINEN AUGENKONTAKT GESTÖRT.

WAS HAST DU GESAGT? TUT MIR LEID, ABER ICH VERSTEHE DIE TROLLSPRACHE NICHT.

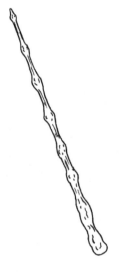

IMMER WENN DU DEN MUND AUFMACHST, HABE ICH DAS GEFÜHL, JEMAND ÜBT DEN CRUCIO-FLUCH.

DU BIST SO FETT, DASS DER SPRECHENDE HUT DICH GLEICH ALLEN VIER HÄUSERN ZUGETEILT HAT.

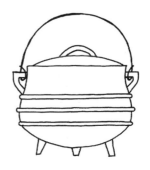

DER ZAUBERER, DER ÜBERLEBTE

Du weißt nun alles darüber, wie man verbal richtig kontert. Und du hast dir 101 Verwünschungen eingeprägt. Oder sie zumindest gelesen. Du weißt, dass es gefährliche Fieslinge gibt, und hast dich gegen sie gewappnet. Du hast einen Fiesling in Hogsmeade das Fürchten gelehrt, einen auf dem Quidditch-Feld in die Schranken verwiesen und der Tussi im Wahrsage-Kurs klargemacht, dass sie sich mit dir nicht anzulegen braucht.

Der Zauber-Prüfungsrat hat deine TIWLs korrigiert und gibt dir die volle Punktzahl.
                HERZLICHEN GLÜCKWUNSCH!

Jetzt kannst du jedem Fiesling, der dir über den Weg läuft, das Handwerk legen – ob er nun zu den Magiern gehört oder nicht. Und wenn wirklich alles außer Kontrolle gerät, dann schleuderst du einfach den Fledervichtfluch los! Der ist echt übel. Zieh also los und leb dein neues Leben ohne miese Fieslinge, kleine Hexe oder kleiner Zauberer!

HEXENKÜCHE FÜR EIGENE VERWÜNSCHUNGEN!

Sind dir bei der Lektüre dieses Buchs eigene Verwünschungen eingefallen? Schreib sie auf! So einen Hammerkonter kann man immer brauchen. Also leg los und verwünsche, wie dein Herz begehrt!

UNHEIL ANGERICHTET!

ÜBER DIE AUTORINNEN

Birdy Jones ist eine typische Ravenclaw-Schülerin, die beim Trimagischen Turnier für ihr Haus angetreten ist. Sie dreht Videos für das *Mother Nature Network* und hat einen Master in Videokunst von der DePaul University. Sie hat ihre Magie dazu verwendet, zwei wunderbare Kinderbücher zu schreiben. Außerdem schreibt sie Romane für Kinder und Jugendliche. Ihr Lieblingsstreich: ihre Freunde dazu bringen, die übelsten Sorten von Bertie Botts Bohnen jeder Geschmacksrichtung zu essen.

Im Internet findest du sie unter: www.birdyjones.wordpress.com

Laura J. Moss ist eine Gryffindor-Schülerin, die für ihr Hausteam auf der Position der Jäger spielte. Sie ist Redakteurin im *Mother Nature Network* und hat ihren Abschluss in Journalismus an der University of South Carolina gemacht. Ihre Beiträge erscheinen unter anderem bei *CNN.com*, der *Huffington Post*, auf *Forbes.com* und *Yahoo.com*. Auch sie schreibt Romane für Jugendliche und bereitet in ihrer Freizeit gerne Kürbispasteten zu.

Im Internet findest du sie unter: www.laurajmoss.com

256 Seiten
19,99 € (D) | 20,60 € (A)
ISBN 978-3-7423-0029-4

Dinah Bucholz
Das inoffizielle Harry-Potter-Kochbuch
Von Butterbier bis Kürbispasteten – mehr als 150 magische Rezepte zum Nachkochen

Hört man Kürbissaft und Kesselkuchen, fühlt man sich sogleich in die Große Halle der Hogwarts Schule für Hexerei und Zauberei versetzt. Dabei hat die kulinarische Welt der Zauberer und Hexen noch viel mehr zu bieten: Von Felsenkeksen über Butterbier bis hin zu Siruptorte und deftigem Braten enthält jeder der 7 Bände eine Vielzahl an Rezepten für jede Tageszeit und jede Lebenslage. Das inoffizielle Harry-Potter-Kochbuch versammelt über 150 magische Rezepte, leicht umsetzbar und Schritt für Schritt erklärt. Mit diesem Buch braucht man keine Hauselfen, um ein leckeres Gericht zuzubereiten, das sogar einen finsteren Kobold zum Lächeln bringen kann. Das unverzichtbare Geschenk für jeden Fan!

riva

224 Seiten
16,99 € (D) | 17,50 € (A)
ISBN 978-3-7423-0190-1

Pemerity Eagle
Das inoffizielle Harry-Potter-Buch der Zauberei
Geheimes Wissen von A wie Accio bis Z wie Zentaur

Vorsicht, dieses Buch enthält geheimes Zauberwissen! Wer es besitzt, dem öffnen sich die geheimen Tore der Hogwarts-Schule für Hexerei und Zauberei.

Willst du wissen, welches der mächtigste aller Liebestränke ist, welche Zutaten du brauchst, um ein Gegengift zu mixen, oder mit welchem Zauberspruch du verschlossene Türen und Fenster öffnen kannst, dann brauchst du diesen reich illustrierten Wissensschatz. Das inoffizielle Harry-Potter-Buch der Zauberei versammelt nicht nur die bekanntesten Zaubersprüche und Zaubertränke aus den sieben Harry-Potter-Bänden, es besticht auch durch spannende Hintergrundinformationen, eine Vielzahl an praktischen Anleitungen und jede Menge Wissenswertes über die von J. K. Rowling beschriebenen magischen Orte, Zauberer und Hexen. Alles, was du als Zauberlehrling wissen musst, erfährst du in diesem Buch.

Wenn Sie **Interesse** an **unseren Büchern** haben,

z. B. als Geschenk für Ihre Kundenbindungsprojekte, fordern Sie unsere attraktiven Sonderkonditionen an.

Weitere Informationen erhalten Sie bei unserem Vertriebsteam unter +49 89 651285-154

oder schreiben Sie uns per E-Mail an: vertrieb@rivaverlag.de

riva